VILLE DE ROSPORDEN

TARIFS

des

DROITS A PERCEVOIR

sur toute la surface des

RUES, RUELLES, IMPASSES, PLACES

MARCHÉS, HALLES, Etc.

de la Ville de Rosporden.

QUIMPER, IMPRIMERIE Vve ÉD. MÉNEZ

17, rue du Frout, 17

1920

TARIFS

des

DROITS A PERCEVOIR

sur toute la surface des

RUES, RUELLES, IMPASSES, PLACES
MARCHÉS, HALLES, Etc.

de la Ville de Rosporden.

ARTICLES PRÉLIMINAIRES

ARTICLE 1er. — Sont exemptés des droits de place : 1º les voitures et charrettes arrêtées sur la voie publique, pour prendre ou déposer des voyageurs, pour prendre ou laisser des marchandises ; 2º les voitures des marchands de vins ou de bière et des commissionnaires ; 3º les dépôts de matériaux dûment autorisés dans les rues et places, au moment des constructions ou réparations ; 4º les dépôts de pierres et de sable servant à l'entretien de la voirie urbaine.

ARTICLE 2. — La base du prix de location est fixé par mètre carré et à 0 fr. 60 par mètre carré, les jours de foire et de marché, et à 0 fr. 75 les autres jours.

ARTICLE 3. — La superficie de terrain qui serait prise au-delà des mètres carrés occupés par chaque étalage sera passible de la taxe, quand cette superficie dépassera la moitié du mètre carré. Chaque mètre de longueur occupé le long d'une voie ou d'une place, quelle que soit la profondeur en moins du mètre, paiera le mètre carré complet.

ARTICLE 4. — Le mesurage aura toujours lieu par les extrêmités les plus saillantes des étalages, soit en longueur, soit en largeur.

ARTICLE 5. — Le droit sera toujours exigible toutes les fois que les places seront occupées par des tables, échoppes, paniers ou objets quelconques, approvisionnés de marchandises ou de denrées.

ARTICLE 6. — Les droits d'étalage fixés au présent tarif seront perçus par les marchands habitant la commune aussi bien que pour les marchands habitant hors de la commune, chaque fois qu'ils étaleront sur la rue, les places ou dans la halle.

ARTICLE 7. — Pour la garantie des marchands et de tout redevable, les agents leur remettront immédiatement, après paiement effectué par eux, un ticket qui portera le chiffre exact de la somme perçue, soit par unité, soit en raison de la surface.

ARTICLE 8. — Si l'adjudicataire décède avant la fin de la jouissance du présent bail, les obligations en résultant passeront sur la tête de ses héritiers.

ARTICLES DU TARIF

ARTICLE 1er. — Chaque sac de pommes de terre, seigle, farine, blé noir, orge, avoine, froment, graines fourragères, châtaignes, pommes, poires, étant censé occuper $0^{m2}25$, paiera 0 fr. 15.

ARTICLE 2. - - Tout blé transporté en ville sur charrette ou char-à-bancs, les jours de foire ou de marché, soit pour être déposé à la halle ou dans quelque lieu que ce soit en ville, et faisant l'objet d'une transaction quelconque sur la voie publique lesdits jours, paiera par sac 0 fr. 15.

Tout blé ayant fait l'objet d'une transaction antérieure sera dispensé des droits de 0 fr. 15 par sac, à condition que les intéressés produiront un certificat de l'acheteur.

ARTICLE 3. — Chaque étalage de lin, toile, sac de balle, grains, chanvre, fouaces, laine, bourre, son, pain, herbes fourragères, de charées, poissons en paniers, balles ou baquets d'huîtres, de coquillages ; chaque marchand de friture, étant censé occuper $0^{m2}50$, paiera suivant le tarif général, avec un maximum de 0 fr. 30.

ARTICLE 4. — Chaque-étalage sur échoppe de friperie, mercerie, quincaillerie, cordonnerie, draperie, rouennerie, cristaux et porcelaine, paiera 0 fr. 60 par mètre carré.

ARTICLE 5. — Les marchands ambulants et forains vendant sur voiture — autres que les marchands de poissons — s'ils stationnent, paieront :

Pour une automobile, celle-ci étant censée occuper 15^{m2}, 9 francs par jour.

Pour une voiture à deux chevaux, celle-ci étant censée occuper $12^{m2}50$, 7 fr. 50 par jour.

Pour une voiture à un cheval, celle-ci étant censée occuper 10^{m2}, 6 francs par jour.

Les marchands de poissons et de légumes vendant sur voiture attelée, étant censée occuper $2^{m2}50$, paieront 1 fr. 50 par jour.

ARTICLE 6. — Les charbonniers, chiffonniers et marchands avec voiture à bras, dite « baladeuse », étant censée occuper $2^{m2}50$, paieront, s'ils stationnent, 1 fr. 50 par jour.

ARTICLE 7. — Chaque spectacle de curiosité établi en baraque ou sur voiture, chaque débit de boissons, installé sur la voie publique, paiera par jour et par mètre carré 0 f. 60.

ARTICLE 8. — Tout marchand tenant sur les genoux du fil, du chanvre, du lin, de la laine, de la toile ou autres marchandises, ou étalant dans les autres endroits de la voie publique, étant censé occuper $0^{m2}50$, paiera 0 fr. 30.

ARTICLE 9. — Toute charrette ou char-à-bancs, dételé et stationnant sur la voie publique paiera 0 fr. 30, les jours de foire et de marché 0 fr. 15 seulement.

ARTICLE 10. — Chaque taureau, bœuf, bouvillon, vache, génisse, chaque cheval, jument, poulain, pouliches, autres que les poulains têtant ou étant avec leur mère, chaque porc en liberté ou tenu en laisse, étant censé occuper $0^{m2} 50$, paiera 0 fr. 30.

ARTICLE 11. — Chaque veau, mouton, chèvre, brebis, bouc, agneau, chaque petit porc, dans caisse ou voiture, étant censé occuper $0^{m2} 33$, paiera 0 fr. 20.

ARTICLE 12. — Le placier pourra louer la halle et le corps de garde pour les repas de noces, au prix maximum de 24 francs par jour, la halle seule ; 30 francs par jour pour la halle et le corps de garde ; 6 francs par jour pour le corps de garde seul.

ARTICLE 13. — Les étalages en montres, soit fixes, soit mobiles, sont passibles du droit d'occupation sur le pied du tarif, lorsque ces montres sailliront de plus de $0^m 50$ en dehors des boutiques ou magasins.

ARTICLE 14. — Les instruments aratoires déposés sur la voie publique ou sur les places, à titre de réclame, paieront 0 fr. 60 par mètre carré — les jours de foire seulement.

ARTICLE 15. — Chaque voiture à bras, circulant sur la voie publique, pour offrir ou vendre de la marchandise, chaque voiture de teinturerie, rémouleur, marchand de gaufres, glace, etc., ayant stationné sur la voie publique, est censée occuper 1^{m2} et paiera 0 fr. 60 par jour. Sont exceptés de cet article, les marchands de lait et de pain, sans exception.

ARTICLE 16. — Chaque table, banc, arbuste placé devant les cafés, restaurants et autres établissements particuliers, paiera par jour et par mètre carré 0 fr. 15.

ARTICLE 17. — Tout panier, pot ou autre récipient contenant beurre, œufs, saindoux ou autres denrées, chaque pain de graisse est censé occuper $0^{m2}25$ et paiera 0 fr. 15 par jour ; chaque tête de gibier : lapin, lièvre, bécasse, canard, etc., chaque poulet, oie, étant censée occuper $0^{m2}25$, paiera 0 fr. 15.

ARTICLE 18. — Les articles non prévus au présent tarif paieront comme ceux avec lesquels ils sont en rapport d'analogie et d'éspèce.

Fait et délibéré à Rosporden, le 11 avril 1920.

POUR COPIE CONFORME :

VU ET APPROUVÉ : *Le Maire,*

Quimper, le 7 mai 1920. G. QUÉMÉRÉ.

Pour le Préfet :

Le Conseiller de Préfecture délégué,

A. MÉHEUDIN.

VILLE DE ROSPORDEN

DROITS DE PLACE & D'ÉTALAGE

CAHIER DES CHARGES

**Dressé par le Maire de la Ville de Rosporden
pour servir de base à l'adjudication
qui aura lieu le Mardi 29 Juin 1920
des droits de place et d'étalage
dans les Halles, sur les Rues et Places
de Rosporden.**

ARTICLE 1er. — L'adjudication aura lieu avec publication et concurrence aux enchères publiques, au plus offrant, et dernier enchérisseur, sur la mise à prix de *six mille francs ;* chaque enchère ne pourra être moindre de cinquante francs.

ARTICLE 2. — L'adjudication aura lieu le mardi 29 juin 1920, à quinze heures, devant le Maire assisté de deux Conseillers municipaux et en présence du Receveur municipal.

ARTICLE 3. — La durée du bail est de cinq années, qui commenceront le premier juillet mil neuf cent vingt et un et finiront le trente juillet mil neuf cent vingt-cinq.

ARTICLE 4. — Le prix annuel de l'adjudication sera payé par douzièmes au Receveur municipal, du premier au dix de chaque mois.

ARTICLE 5. — L'adjudicataire sera tenu de verser entre les mains du Receveur municipal un cautionnement en numéraire d'une somme de égale au quart du prix de l'adjudication. Ce cautionnement sera restitué à l'adjudicataire sortant, après que l'administration aura reconnu qu'il a rempli toutes les conditions du cahier des charges.

Article 6. — L'adjudicataire paiera immédiatement les frais de publication et d'affiches, ceux du timbre et d'enregistrement de la minute du procès-verbal d'adjudication, le timbre d'expédition du cahier des charges, et de dix exemplaires imprimés du cahier des charges et du tarif.

Article 7. — L'adjudicataire ne pourra sous-louer le tout ou une partie des droits de place et d'étalage, sans le consentement formel et par écrit du Maire et du Conseil municipal.

Article 8. — A défaut de paiement d'un seul terme, le bail pourra être considéré comme délaissé de la part de l'adjudicataire et pourra être remis en adjudication, à ses propres risques et périls, sans préjudice des poursuites, à la fin de paiement de ce qui sera dû et de la moins-value que pourra produire l'adjudication et sans qu'il puisse prétendre à réclamer le bénéfice de la plus-value, dans le cas où l'adjudication en donnerait.

Article 9. — L'adjudicataire sera tenu de faire élection de domicile à Rosporden, aussitôt approbation de l'adjudication. S'il s'élève des contestations entre le fermier et l'administration municipale, relativement à l'exécution du présent traité, elles seront déférées devant le Juge de Paix de Rosporden, pour être par lui jugées, soit en dernier ressort, soit à la charge d'appel.

Article 10. — En cas de contestation, tout redevable sera tenu de consigner entre les mains du placier le prix exigé ; il ne pourra être entendu par le Juge de Paix, qu'en fournissant la quittance de ladite consignation.

Article 11. — Tout préposé qui exigerait des droits supérieurs à ceux portés au tarif sera poursuivi pour fait de concussion. Le fermier sera toujours responsable des actes de ses employés.

ARTICLE 12. — L'adjudicataire peut se faire aider dans la perception des droits par des préposés, dont la nomination est soumise à l'approbation du Maire et qui doivent, pour percevoir, porter d'une manière très apparente, une plaque sur laquelle seront gravés ces mots : « *Droits d'étalage.* — *Ville de Rosporden* ». Ils devront, en outre, être toujours porteurs d'un exemplaire du tarif des droits à percevoir et devront le présenter à toute réquisition des autorités ou des redevables.

ARTICLE 13. — L'adjudicataire sera tenu de faire sa perception en se conformant au tarif adopté par le Conseil municipal le 11 avril 1920.

ARTICLE 14. — Le droit de place se perçoit sur toutes les surfaces des rues, ruelles, impasses, chemins, places, marchés, ainsi que dans la halle et dans les propriétés que la commune possède ou pourrait posséder.

ARTICLE 15. — Sont exceptés de l'adjudication, les dépendances de la grande voirie, ainsi que les terrains sur lesquels le Domaine de l'Etat perçoit un droit.

ARTICLE 16. — Il ne sera dérogé en rien, au profit de l'adjudicataire, aux règlements généraux de la voirie et il ne pourra actionner, en quoi que ce soit, la commune pour le fait de leur application.

ARTICLE 17. — L'adjudicataire sera tenu, les jours de foire et de marché, de déblayer et de tenir en bon état de propreté, la halle et les alentours.

ARTICLE 18. — La commune se réserve la libre disposition de la halle, du corps de garde et des places, pour toutes fêtes publiques, pour le lundi et le mardi de la Quinquagésime, le mercredi des Cendres et toutes les fois que le service militaire l'exigera, pour les réunions et banquets, concours agricoles, remontes, sans que l'adjudicataire puisse réclamer aucune indemnité.

ARTICLE 19. — L'adjudicataire ne pourra, sous aucun prétexte, refuser à qui en aura besoin, la location de la halle, pour les repas de noces. Il s'entendra avec la compagnie d'éclairage électrique pour le prix d'éelairage de la halle.

ARTICLE 20. — Dans l'intérêt de la circulation sur la voie publique, le Maire se réserve de déterminer les places aux étalages, baraques, voitures de saltimbanques, manèges, jeux publics, boutiques, etc...

ARTICLE 21. — La halle ne devra — les jours de foire seulement — être occupée par aucune boutique ; elle est entièrement réservée aux grains, froment, seigle, blé noir, avoine, pommes de terre, châtaignes, pommes, poires et produits similaires.

ARTICLE 22. — La place au beurre est exclusivement réservée pour les marchands de beurre, volailles, d'œufs, gibier, les jours de foire et de marché.

ARTICLE 23. — La place aux chevaux ne pourra être occupée par les boutiques de forains, saltimbanques, théâtres, manèges de chevaux de bois, qu'avec l'assentiment du Maire, qui leur désignera lui-même la place le long des propriétés.

ARTICLE 24. — Il est absolument interdit au fermier de placer les marchands, même avec paniers, le long des rues qui, de la rue du Moulin, vont aux portes latérales de la halle.

ARTICLE 25. — Il est expressément défendu de placer devant les portes des maisons, aucun déballage, ni marchandises ou matériaux qui puissent gêner la circulation des propriétaires.

ARTICLE 26. — Le bureau d'adjudication aura la faculté d'exclure de l'opération tout soumissionnaire qui ne paraîtrait pas présenter les garanties requises, sans avoir à donner ni justifications, ni explications.

ARTICLE 27. — L'approbation de M. le Préfet du Finistère sera nécessaire pour rendre l'adjudication définitive.

Fait et délibéré à Rosporden, le 11 avril 1920.

CERTIFIÉ CONFORME :

VU ET APPROUVÉ :

Le Maire,

Quimper, le 7 mai 1920.

G. QUÉMÉRÉ.

Pour le Préfet :

Le Conseiller de Préfecture délégué,

A. MÉHEUDIN.

DROITS DE PESAGE

TARIF ET CAHIER DES CHARGES

Dressés par le Maire de la Ville de Rosporden
pour servir de base à
l'adjudication des Droits de pesage
qui aura lieu le Mardi 29 Juin 1920.

ARTICLE 1ᵉʳ. — Les droits à percevoir pour chaque opération sur la bascule publique, établie sur la place aux bestiaux à Rosporden, sont fixés ainsi qu'il suit :

Bœufs, taureaux, vaches	0 f. 60
Moutons, veaux	0 20
Porcs gras.	0 60
Autres denrées.	0 20

par cent kilogrammes.

ARTICLE 2. — Le fermier devra se tenir à la disposition du public tous les jours, de six heures à dix-neuf heures en été, et de huit heures à seize heures en hiver.

ARTICLE 3. — Sur la demande des cultivateurs, il pourra être tenu de leur fournir un ticket sur lequel il sera porté le poids obtenu.

ARTICLE 4. — L'adjudication de cette bascule publique aura lieu avec publicité et concurrence aux enchères publiques, au plus offrant et dernier enchérisseur, sur la mise à prix de *quatre cents francs*. Chaque enchère ne pourra être moindre de dix francs.

Article 5. — L'adjudication auta lieu le mardi 29 juin 1920, à quinze heures.

Article 6. — La ferme commencera le premier juillet mil neuf cent vingt, pour prendre fin le trente juin mil neuf cent vingt-cinq.

Article 7. — Le prix annuel de l'adjudication sera payé par trimestre entre les mains du Receveur municipal, dans les huit premiers jours de janvier, avril, juillet et octobre.

Article 8. — L'adjudicataire devra fournir un cautionnement fixé à la valeur d'une année du prix de ferme.

Article 9. — L'adjudicataire paiera immédiatement les frais de publication et d'affiches, ainsi que ceux du timbre et d'enregistrement de la minute du procès-verbal d'adjudication et le timbre des expéditions du cahier des charges, estimés à ....

Article 10. — Il constatera le bon fonctionnement de la bascule lors de la prise en possession et devra la maintenir en bon état. Les réparations qui seront nécessaires pendant la durée de sa ferme sont à sa charge.

Article 11. — Il pourra se faire aider par des préposés, dont la nomination est soumise à l'approbation du Maire.

Article 12. — Tout préposé qui exigerait des droits supérieurs à ceux portés au tarif sera poursuivi pour fait de concussion. Le fermier est toujours responsable des actes de ses employés.

Article 13. — Le fermier sera tenu de faire sa perception, en se conformant aux tarifs adoptés par le Conseil municipal le 11 avril 1920.

Article 14. — Les contestations qui pourraient s'élever sur la qualité des droits exigés, ou sur l'application du tarif, seront portés devant le Juge de Paix, à quelque somme que les droits puissent s'élever, soit en dernier ressort, soit à la charge d'appel.

Article 15. — En cas de contestation, tout redevable sera tenu de consigner entre les mains du fermier le prix exigé. Il ne pourra être entendu du Juge de Paix qu'en lui fournissant la quittance de ladite consignation.

Article 16. — Après une adjudication séparée, les droits de pesage pourront être réunis aux droits d'étalage.

Article 17. — L'approbation de M. le Préfet du Finistère sera nécessaire pour rendre l'adjudication définitive.

Article 18. — Le présent cahier des charges sera soumis à l'approbation de M. le Préfet du Finistère.

Fait et délibéré à Rosporden, le 11 avril 1920.

POUR COPIE CONFORME :

VU ET APPROUVÉ : *Le Maire,*

Quimper, le 7 mai 1920. G. QUÉMÉRÉ.

Pour le Préfet :

Le Conseiller de Préfecture délégué,

A. MÉHEUDIN.

Quimper. — E. Menez, Imprimeur de la Préfecture